This Journal
Belongs to

____

www.ingramcontent.com/pod-product-compliance
Lightning Source LLC
Chambersburg PA
CBHW070344220526
45467CB00001B/242
* 9 7 8 1 7 0 3 3 0 7 9 9 3 *